AF263825

AUGUSTE LEPAGE

LIGIER RICHIER

PARIS

ACADÉMIE DES BIBLIOPHILES

Se vend en sa librairie

Juin 1868

LIGIER RICHIER

PARIS
ALLIANCE DES BIBLIOPHILES
se vend en sa librairie

LIGIER RICHIER

ACADÉMIE DES BIBLIOPHILES

DÉCLARATION.

« Chaque ouvrage appartient à son auteur-éditeur.
« La Compagnie entend dégager sa responsabilité collec-
« tive des publications de ses membres. »

(Extrait de l'art. 4 des Statuts.)

JUSTIFICATION DU TIRAGE.

250 exemplaires sur papier vergé.
10 exemplaires sur papier de Chine.

Nᵒ

AUGUSTE LEPAGE

LIGIER RICHIER

PARIS

ACADEMIE DES BIBLIOPHILES

Se vend en sa librairie

Juin 1868

LIGIER RICHIER

E XVIe siècle a été par excel-
lence le siècle de guerres politiques
et religieuses. Les nations euro-
péennes cherchaient par tous les moyens à
s'affranchir de la puissance cléricale et sécu-
lière qui pesait sur elles depuis des siècles.
Les derniers débris des libertés municipales
avaient fini par disparaître peu à peu sous la
marche envahissante du despotisme des rois
et du clergé. La féodalité agonisait après une

existence qui n'avait pas été sans gloire. Luther et ses disciples arrachaient à la cour de Rome la moitié de l'Europe : l'ère de la liberté de conscience apparaissait à l'horizon ; mais que d'obstacles il lui restait encore à surmonter avant d'arriver aux résultats que nous devons à la Révolution, qui, partie de Paris, envahit bientôt la France et l'Europe, soulevant les peuples, renversant les trônes, promenant partout son drapeau triomphant !

Aujourd'hui que les peuples et les rois vivent d'accord entre eux, et que la guerre, au lieu d'être la règle, est devenue l'exception, les arts fleurissent, le commerce s'étend, l'agriculture se perfectionne, la population augmente. Les peuples vivent côte à côte sans songer à se massacrer ; les religions sont pratiquées librement, et les souverains ne songent plus que rarement à sacrifier des milliers d'hommes pour le futile plaisir d'ajouter à leurs États une province ou une ville.

Mais, si nous nous reportons de quelques

siècles en arrière, nous verrons l'ancienne société en décomposition, et cependant puis-
sante encore, grâce au prestige qu'elle devait
à son antiquité et aux services qu'elle avait
rendus. L'Italie était divisée en une foule de
principautés; l'Allemagne était morcelée à
l'infini entre une multitude de souverains laï-
ques et ecclésiastiques qui n'avaient d'alle-
mand que le nom, et la France, débarrassée
des grands vassaux de la Couronne, gémissait
encore sous le despostisme odieux des privi-
légiés de la naissance. On se demande com-
ment des artistes ont pu trouver les moyens
de développer leur génie au milieu de ce
chaos, et l'on doit s'incliner devant la nature,
qui a donné à l'homme une énergie telle, qu'il
ne montre sa véritable force que dans les
moments suprêmes de son existence.

L'art sommeille quelquefois, mais il ne
meurt pas ; il existe à l'état latent au sein des
sociétés les plus barbares.

Chez le sauvage même, il y a toujours

cette étincelle d'intelligence qui le maintient au-dessus de la brute et le force, pour ainsi dire malgré lui, à chercher sans cesse des moyens d'améliorer sa position.

Ce n'est qu'après des siècles de tâtonnements et de recherches que paraissent les artistes célèbres réunissant en eux la somme de connaissances lentement amassées par les générations qui les ont précédés. Ils ne sont pas hommes de génie par l'effet du hasard, ils sont la résultante de myriades de travailleurs inconnus.

Que de siècles écoulés, que de générations éteintes avant l'érection de ces temples magnifiques de Java, dont il ne reste plus que des ruines gigantesques ; de ces pagodes de l'Inde, de ces palais qui couvrent les deux rives du Nil, enfin de ces monuments admirables de la Grèce, ornés de statues qui font encore aujourd'hui le désespoir et l'admiration de nos artistes !

L'idée religieuse a toujours occupé la place

principale dans les créations des artistes de tous les temps. Le moyen-âge a été l'expression la plus vive de la croyance catholique ; aussi d'une extrémité de l'Europe à l'autre a-t-on vu s'élever ces cathédrales, ces monastères qui ont fait longtemps l'orgueil de la France, de l'Allemagne et de l'Angleterre.

Des pieux artistes qui ont dressé les plans de ces édifices, sculpté leurs statues, quelques-uns sont inconnus, leurs noms n'ont pas passé à la postérité. C'est donc un devoir de rappeler au souvenir des contemporains ce que l'on a pu découvrir sur la vie des modestes *imaigiers*, des architectes, qui ont laissé dans différentes contrées des traces si brillantes de leur passage.

1

La Lorraine, située entre l'empire d'Allemagne et le royaume de France, a été de tous temps le théâtre des combats que se sont livrés ces deux puissances rivales. Ses plaines, ses forêts, ses montagnes ont entendu retentir les cris des soldats et le bruit du canon ; sa population actuelle a conservé beaucoup des instincts belliqueux de ses ancêtres ; elle l'a prouvé du reste au moment de la chute du premier Empire.

Mais si au XVIe siècle la passion dominante des Lorrains était la guerre, les arts et les lettres avaient aussi leurs représentants. Les grands noms de Callot, de Claude Lorrain et d'une foule d'autres moins célèbres suffisent pour établir, non la suprématie, mais au moins la valeur de la Lorraine comme nation ayant le goût des arts et le sentiment du beau.

Ce petit pays offre du reste des paysages pittoresques : montagnes élevées, vallées profondes, forêts épaisses, torrents rapides, rivières au cours tranquille. L'artiste y trouve presque partout de quoi satisfaire le sentiment qui l'anime. Si les œuvres de l'homme ont peu à peu disparu sous le coup d'invasions successives, celles de la nature subsistent toujours, belles et majestueuses.

La ville de Saint-Mihiel, située sur le bord de la Meuse, doit son nom à un monastère (1) qu'un maire du palais d'Austrasie avait fait élever sur une montagne, à peu de distance de la cité actuelle. Un siècle plus tard (2), les moines transportèrent leur résidence dans la plaine, près d'un petit vil-

----

(1) Ce monastère était placé sous l'invocation de saint Michel.

(2) En 812.

lage (1) qui prit le nom de Saint-Michel, puis, par corruption, de Saint-Mihiel. La nouvelle cité eut, comme toutes les villes au moyen âge, à supporter bien des siéges désastreux; elle fut plusieurs fois détruite et rebâtie. A peu de distance, on remarque des rochers énormes, appelés les falaises de Saint-Mihiel. Ces rochers ont été durant des siècles l'objet d'une superstitieuse terreur; un camp romain, dont on voit encore les restes, couvrait un plateau situé au midi de la ville. Les montagnes des environs sont assez élevées et couvertes en partie de forêts. Mais ce qui fait la gloire de Saint-Mihiel, ce ne sont plus les souvenirs brillants du passé, c'est le monument qui lui reste d'un de ses enfants, le célèbre sépulcre dû au ciseau de Ligier Richier. On n'est pas fixé sur le lieu de la naissance de l'illustre artiste; quelques biographes le font naître à Dagonville, petit village perdu au fond d'une

(1) Marsoupe.

vallée qu'arrose la rivière d'Aire ; d'autres prétendent qu'il a vu le jour à Saint-Mihiel ; mais personne n'a pu fixer la date juste de sa naissance : on sait seulement que ce fut au commencement du XVIe siècle ou vers la fin du XVe.

La Lorraine, sous les ducs Antoine et François Ier, jouissait d'une paix relative, si l'on peut donner le nom de paix à l'espèce d'épuisement qui suivait toujours les longues guerres du moyen âge. Ces deux souverains s'étaient appliqués à cicatriser ses plaies, et les traces sanglantes du passage de Charles le Téméraire disparaissaient sous leur administration intelligente. Le brillant épanouissement des arts en Italie s'était fait sentir en France ; des palais, des châteaux, des églises, s'étaient élevés ; l'art gothique avait fait son temps ; à des générations nouvelles il fallait des monuments nouveaux : des artistes peintres et sculpteurs se trouvèrent, comme il s'en trouvera toujours lorsqu'un peuple tout entier, éprouvant le besoin du beau, veut, pour un instant, quitter les idées mercantiles et terre à terre pour se retremper l'âme dans l'idéal qu'il a rêvé.

Richier avait subi l'influence de son temps ; son esprit élevé le portait aux grandes choses, et sans doute il dut beaucoup souffrir, beaucoup chercher, beaucoup travailler avant d'entrer dans la voie qui devait le conduire à la gloire.

II

Nous ne citerons pas dans cette étude tous les ouvrages que l'on a attribués à Richier, quoique quelques-uns aient une grande valeur artistique. Mais, dans le doute, on ne doit pas, sous peine de forfaire à l'histoire, mettre sur le compte d'un artiste une œuvre quelle qu'elle soit. Le sculpteur lorrain a eu des élèves qui l'ont imité ; leurs noms sont aujourd'hui parfaitement inconnus. Ces imitations du maître, malgré leur mérite, n'approchent pas, à beaucoup près, du génie créateur du sépulcre de Saint-Mihiel, et du squelette qui se dresse sur le tombeau de René d'Orange, dans l'église Saint-Pierre, à Bar-le-Duc.

C'est à Hattonchâtel, hameau du canton de Vigneulles, que Richier laissa en passant un monument authentique dû à son ciseau. Lorsque je dis *laissa en passant*, je crois m'exprimer d'une façon claire pour les lecteurs qui connaissent la vie des artistes au moyen âge et à la Renaissance. Toujours en route, tantôt à la cour d'un prince, tantôt dans un monastère, dans une église ou dans un château perché au sommet d'une colline, ils travaillaient sans souci de leur réputation, ne songeant pas le moins du monde à la gloire.

Il est très-difficile, sinon impossible, d'assigner une date certaine aux créations de l'*imai-gier* (1) lorrain. Je commencerai donc par la plus imposante, celle qui a dû lui demander la plus grande somme de temps et de patience.

III

La ville de Saint-Mihiel possédait de nombreux couvents d'hommes et de femmes. Quelques-uns jouissaient d'importants revenus, appliqués en grande partie à la construction d'églises, de chapelles ou d'autres mo-

(1) Ce titre était encore donné à Richier, de même qu'aux sculpteurs du temps. On sait que les pieux artistes du moyen-âge, à qui nous devons les statues naïves, les animaux étranges, les colonnes sveltes, en un mot tous ces fouillis incohérents, et qui forment pourtant des touts si harmonieux, n'avaient d'autres titres que celui d'*imai-gier*.

numents religieux. On remarque encore sur la place Neuve les bâtiments de l'abbaye, affectés aujourd'hui à des services publics.

L'église Saint-Étienne est très-ancienne. Détruite et rebâtie plusieurs fois, le génie de Richier y a laissé l'œuvre la plus brillante qu'un artiste religieux puisse rêver (1).

Dans une excavation située dans un des bas-côtés de l'église se trouvent réunies treize statues de pierre (2) représentant les personnages qui mirent Jésus-Christ au tombeau. Le corps du divin martyr, soutenu par Joseph d'Arimathie et Nicodème, n'a pas encore la roideur qui est la marque distinctive de la mort. La figure du Christ respire la souffrance. Les deux disciples portent avec précaution leur précieux fardeau ; ils sont fa-

(1) *Sanctius at nullum, pulchrius orbis habet.* (Il en fut un plus saint, mais non pas un plus beau.) Cette épigraphe ne ment pas.

(2) Cette pierre sort de la carrière de Lavaux, aujourd'hui comblée.

tigués, et ils attendent qu'une des saintes femmes (1) ait étendu dans le tombeau le suaire et les linges pour y déposer le corps du crucifié. Madeleine, à genoux aux pieds du Christ, attire principalement l'attention du visiteur ; c'est, je crois, le morceau capital de l'œuvre. Sous la femme convertie on devine la courtisane. Sa toilette est riche, sa poitrine opulente, et sous ces grands yeux qui pleurent la mort du Maître on sent une vague réminiscence de la femme d'autrefois ; cependant une douleur immense est peinte sur sa figure. L'artiste a admirablement saisi cette physionomie de Madeleine, qui a toujours tenté les peintres de toutes les époques.

Une autre femme (2) tient dans ses mains la couronne d'épine ; elle contemple douloureusement cet instrument de honte posé par ses persécuteurs sur la tête du Christ.

(1) Marthe ou Salomé.
(2) Sainte Monique.

Au second plan, c'est le disciple bien-aimé Jean, et une autre femme, soutenant la Vierge anéantie par la douleur. Ici encore se fait remarquer la grande habileté de l'artiste. Je l'ai dit déjà, sur les traits de Madeleine on peut lire sa vie; on voit, on sent que la sainte qui pleure aux pieds de Jésus a à se reprocher des fautes graves. La douce figure de Marie, au contraire, annonce une vie pure, une conscience tranquille; l'idée même du mal n'a jamais pénétré dans ce cœur tout plein de l'amour de son fils. La vue du tombeau qui va renfermer le corps du Christ produit sur Marie un effet tel, qu'elle s'évanouit.

Un centurion, assis sur son bouclier, contemple d'un œil étonné cette scène de douleur; sur sa figure mobile se reflètent ses pensées; il repasse dans son esprit les épisodes terribles du procès de Jésus-Christ; il songe aux moyens que ses ennemis ont employés pour le faire condamner, et, tout en accomplissant ponctuellement sa consigne, il

se dit que le supplicié était innocent. Deux de
ses soldats jouent aux dés. Leurs figures ex-
priment la cupidité ; ils ne prêtent aucune attention à ce qui se passe sous leurs yeux ; on
devine que la partie est intéressée ; en effet,
il s'agit des dépouilles du crucifié.

Autant que je l'ai pu, j'ai fait ressortir les
beautés contenues dans l'espace relativement
étroit creusé dans l'église de Saint-Étienne.
Chaque statue est un chef-d'œuvre d'anatomie : chose étonnante pour ce siècle, où
un médecin disséquant un cadavre eût été
regardé comme un criminel et peut-être con-
damné comme tel !

Dans les œuvres de Michel-Ange se fait
remarquer la même perfection anatomique,
et cette ressemblance entre ces deux génies
vient à l'appui de ceux qui pensent que
Richier a été réellement l'élève du grand
sculpteur italien.

La pierre dont s'est servi Richier est
blanche, d'un grain très-fin ; mais elle es¹

tendre : par conséquent l'humidité du sol finira, si l'on n'y prend garde, par dégrader de plus en plus ce beau morceau de sculpture. Il a été question de le déplacer; ce serait une faute très-grave; il est parfaitement à sa place, et ce qu'il y aurait à faire serait tout simplement de dessécher le sol, ce qui n'est pas impossible. Le sépulcre doit rester où il est actuellement, et ce serait une profanation, au point de vue de l'art, de vouloir le transporter dans un musée quelconque.

IV

Autrefois capitale du duché de Bar, qui fut réuni à la Lorraine par René d'Anjou, héritier du cardinal de Bar, le chef-lieu actuel du département de la Meuse occupe sur le flanc d'un coteau une position charmante. Une petite rivière, l'Ornain, arrose la vallée et met en mouvement de nombreuses usines. Le canal de la Marne au Rhin est couvert de bateaux lourdement chargés, et le chemin de fer de Paris à Strasbourg donne la vie à tout un quartier.

Les commerçants ont quitté la ville haute; une cité nouvelle s'est créée autour du port et de la gare.

Bar-le-Duc possédait autrefois, comme les capitales des anciennes provinces, une prévôté, un bailliage, une chambre des comptes; elle a aujourd'hui un préfet, un tribunal de première instance, un receveur général.

On voit encore quelques débris de la forteresse bâtie par Frédéric Ier (1), et, avant la Révolution, une église dépendant de la collégiale de Saint-Maxe renfermait le tombeau de René de Châlons, œuvre de Richier.

---

(1) Ce fut autour de ce château que se construisit la ville haute, qui est par conséquent de création moins ancienne que la ville basse.

Ce mausolée était primitivement entouré, à
sa base, de douze statuettes de marbre représentant les douze Apôtres. Dans la tour-
mente qui suivit la chute de la monarchie, on
transporta le monument dans l'église Saint-
Pierre, où il est encore aujourd'hui.

Sur un autel de marbre se dresse un squelette, ou plutôt un cadavre en décomposition :
c'est la mort dans toute sa hideur. Les chairs
tombent en lambeaux ; quelques parties du
corps sont entièrement dénudées ; à travers
la peau, qui s'arrache, on voit percer les os.
C'est dans cet état que, dans leurs somptueux
mausolées, les puissants de la terre, ceux que
le hasard de leur naissance a élevés au-dessus
des autres hommes et qui ont cru un instant
pouvoir défier la mort, c'est dans cet état
qu'ils dorment de l'éternel sommeil ! La mort
n'épargne personne, le maître pas plus que
l'esclave, et toutes les inégalités sociales s'é-
vanouissent devant l'égalité du tombeau.

Le cadavre de Richier est débarrassé de

son suaire. Il tenait autrefois dans la main gauche une boîte de vermeil renfermant le cœur du prince d'Orange. Cette boîte fut remplacée par un sablier, puis enfin par une boîte dorée en forme de cœur (1).

V

J'ai cité les œuvres capitales de Richier, je passerai rapidement sur celles qu'on lui attribue. L'église Saint-Pierre de Bar possède trois colossales statues représentant le Christ et les Larrons; ces statues sont en bois. A Paris, il y a au Louvre un bas-relief représentant le Jugement de Suzanne et une statue d'Enfant Jésus couché, et à la Bibliothèque impériale un autre bas-relief en marbre :

(1) S. Marmod, *les Hommes illustres de la Lorraine.*

c'est le Christ appelant à lui les petits enfants.

Le tombeau de Philippe de Gueldres dans
l'église des Cordeliers de Nancy a été sculpté
par Richier, et à Saint-Mihiel, dans sa maison, il reste encore de lui quelques com-
mencements d'exécution d'œuvres qu'il n'a
pu ou pas voulu achever.

*
* *

Richier a-t-il été en Italie? On le suppose.
Pour mon compte, je le crois, quoique je n'aie
aucune preuve authentique de ce voyage.
Mais ce qui donne à mon opinion une grande
apparence de vérité, ce sont, je l'ai déjà dit,
les profondes connaissances que le sculpteur
lorrain avait de l'anatomie. Michel-Ange seul
a su donner à ses statues ces proportions admirables que nous retrouvons dans son élève.
Richier a dû avoir un maître. Quand on a vu

le *Sépulcre* de Saint-Mihiel et le Squelette de Bar-le-Duc, involontairement on balbutie le nom de Buonarotti.

On remarque sur une des places publiques de Saint-Mihiel un monument élevé à la gloire de Richier. C'est une fontaine surmontée d'un vase, et l'inscription suivante prouve le pieux respect que les habitants portent à la mémoire du grand artiste :

A LIGIER RICHIER,

QUI SCULPTA LE SÉPULCRE EN 1536

SES CONCITOYENS RECONNAISSANTS.

1836.

La mort de Richier fut, comme sa naissance, entourée de mystère. On croit qu'il mourut en 1572 ; mais jusqu'alors on n'a trouvé aucun document sérieux pouvant fixer le lieu où il rendit le dernier soupir.

*
* *

D'accord avec plusieurs de ses biographes, nous voudrions que l'on réunît dans la maison de Richier une partie de ses œuvres, ou tout au moins la reproduction ; la ville de Saint-Mihiel serait ainsi dotée d'un musée national où l'on pourrait admirer en quelques heures les admirables productions de toute la vie du célèbre sculpteur.

ACADÉMIE DES BIBLIOPHILES

Société libre pour la publication à petit nombre
de livres rares ou curieux.

—

MEMBRES DU CONSEIL

Année 1868-1869.

MM. Paul CHERON, de la Bibliothèque impériale ;
Hippolyte COCHERIS, de la Bibliothèque Mazarine ;
Jules COUSIN, de la Bibliothèque de l'Arsenal ;
E.-F. DELORE ;
ÉMILE GALLICHON ;
Pierre JANNET, fondateur de la *Bibliothèque elzé-viricnne ;*
Louis LACOUR, de la Bibliothèque Sainte-Gene-viève ;
Lorédan LARCHEY, de la Bibliothèque Mazarine ;
Anatole DE MONTAIGLON, secrétaire de l'École des Chartes, ancien bibliothécaire à l'Arsenal.

—

ANCIENS MEMBRES DU CONSEIL

MM. Charles READ, chef de la section des Archives, de la Bibliothèque et des travaux historiques, à la Préfecture de la Seine ;
le baron Oscar DE WATTEVILLE, chef du bureau de dépôt des livres au ministère de l'Instruction publique.

—

Réunion au palais de l'Institut le second mardi de chaque mois, à quatre heures et demie, dans le cabinet de M. H. Cocheris.

MM. les membres actifs et libres sont admis aux séances.

COLLECTION DE LA COMPAGNIE

1. *De la Bibliomanie*, par Bollioud-Mermet, de
l'Académie de Lyon. Publié par M. Paul
Cheron. In-16 pot double de 84 pages.
160 exemplaires. 2ᵉ édition de la réimpres-
sion. . . . . 5 »

2. *Lettres à César*, par Salluste, traduction
nouvelle par M. Victor Develay. In-32 carré
de 68 p., 300 ex. . . . . 2 »

3. *La Seiƶiesme Joye de Mariage*, publiée
pour la première fois. In-16 pot double de
32 p., 500 ex. . . . . 2 »

4. *Le Testament politique du duc Charles de
Lorraine*, publié avec une étude bibliogra-
phique par M. Anatole de Montaiglon. In-18
jésus de 78 p., 210 ex. 3 50

5. *Baisers de Jean Second*, traduction nouvelle, par M. Victor Develay. In-32 carré de
64 p., 500 ex. . . . . 2 »

6. *La Semonce des Coquus de Paris en may*
1535, publiée, d'après un manuscrit de la
Bibliothèque de Soissons, par M. Anatole de
Montaiglon. In-18 jésus de 20 p., 210 exemplaires. . . . . 2 »

7. *Les Noms des Curieux de Paris*, avec leur
adresse et la qualité de leur curiosité. 1673.
Publié par M. Louis Lacour. In-18 raisin de
12 p., 140 exempl. 1 50

8. *Les Deux Testaments de Villon*, suivis du
Bancquet du Boys, publiés par M. Paul La-
croix. In-8 tellière de 120 p., 220 ex. 7 »

9. *Les Chapeaux de castor*. Un paragraphe de
leur histoire. 1634. Publié par M. Louis Lacour. In-18 raisin de 8 p., 200 ex. . 1 »

10. *Le Congrès des Femmes*, par Érasme, traduction nouvelle par M. Victor Develay.
In-32 carré de 38 p., 312 ex. . . 1 »

11. *La Fille ennemie du Mariage et repentante*,
par Érasme, traduction nouvelle par M. Victor
Develay. In-32 carré de 64 p., 312 ex. 2 »

12. *Saint Bernard*. Traité de l'Amour de Dieu.

Publié par M. P. Jannet. In-8 tellière de 140 p.;
313 ex. . . . . 5 »

13. *Œuvres de Regnier*, reproduction textuelle des premières éditions. Préface et
notes par M. L. Lacour. In-8 carré de 356 p.,
525 ex. . . . . 20 »

14. *Le Mariage*, par Érasme, traduction nouvelle par M. Victor Develay. In-32 carré de
64 p., 312 ex. . . . . 2 »

15. *Le Comte de Clermont*, sa cour et ses
maîtresses, par M. Jules Cousin. In-18 jésus,
2 vol. de 432 p., 412 ex. . . . . 10 »

16. *La Sorbonne et les Gazetiers*, par M. Jules
Janin. In-32 carré de 64 p., 312 ex. 2 »

17. *L'Empirique*, pamphlet historique. 1624.
Réédité par M. Louis Lacour. In-18 jésus de
20 p., 200 ex. . . . . 2 »

18. *La Princesse de Guéménée dans le bain et
le Duc de Choiseul*. Conversation rééditée
par M. Louis Lacour. In-18 jésus de 16 p.,
200 ex. . . . . 2 »

19. *Les Précieuses ridicules*, comédie de I. B.
P. Molière. Reproduction textuelle de la
première édition. Notes par M. Louis Lacour. In-18 raisin de 108 p., 422 ex. 5 »

20. *Les Rabelais de Huet*, par M. Baudement.
In-16 de 64 pages, 260 ex. . . .   3 »

21. *Description naïve et sensible de Sainte-Cécile d'Alby*. Nouvelle édition, publiée par M. Eugène d'Auriac. In-16 de 64 p., 260 ex. . . . .   5 »

22. *Apocoloquintose*, facétie sur la mort de l'empereur Claude, par Sénèque, traduction nouvelle par M. Victor Develay. In-32 carré de 64 p., 512 ex. . . . . . .   2 »

23. *Aline*, reine de Golconde, par Boufflers. Nouvelle édition, publiée par M. Victor Develay. In-32 carré de 64 p., 512 ex.   2 »

24. *Projet pour multiplier les Colléges des Filles*, par l'abbé de Saint-Pierre. Nouvelle édition, publiée par M. Victor Develay. In-32 carré de 32 p., 312 ex. . . . .   1 »

25. *Le Jeune Homme et la Fille de joie*, par Érasme, traduction nouvelle par M. Victor Develay. In-32 carré de 32 p., 312 ex.   1 »

26. *Le Comte de Clermont et sa cour*, par M. Sainte-Beuve, de l'Académie française. In-18 jésus de 88 p., 412 ex. . .   3 »

27. *Le Grand Écuyer et la Grande Écurie*, par Édouard de Barthélemy. In-18 jésus de xii-216 p., 200 ex. . . . . .   6 »

28. *Les Bains de Bade au XVe siècle*, par Pogge, Florentin. Scène de mœurs, traduite pour la première fois en français par M. Antony Meray. In-16 raisin de 48 p., 412 exemplaires . . . . 3 »

29. *Éloge de Gresset*, par Robespierre, publié par M. D. Jouaust. In-8 carré de 64 p., 113 ex. . . . . 5 »

30. *La Bibliothèque de Don Quichotte. Amadis de Gaule*, par M. Alphonse Pagès. In-18 raisin de 174 p., 412 ex. . . . . . . 5 »

31. *Réflexions, Sentences et Maximes morales* de La Rochefoucauld. Reproduction textuelle de l'édition originale de 1678, préface par M. Louis Lacour. In-8 carré de 262 p., 525 ex. . . . . 20 »

32. *Essai sur l'histoire de la réunion du Dauphiné à la France*, par J. J. Guiffrey. Ouvrage couronné par l'Académie des Inscriptions et Belles-Lettres. In-8 carré. . 15 »

33. *Distiques moraux* de Caton, traduction nouvelle par M. Victor Develay. In-32 carré de 80 p., 1 grav., 512 ex. . . . . . 2 »

34. *Une Préface de Tacite*, par Senac de Meilhan, publiée avec une introduction par M. Sainte-Beuve. In-18 raisin, 60 p., 420 ex. 3 50

35. *La Louange des Vieux Soudards*, par
M. Louis Lacour. In-32 carré de 64 p., 300
ex. . . . . 2 »

36. *Académie des Bibliophiles. Livret annuel :
première année*, 1866-1867. In-8 carré de
16 p., 150 ex. . . . . 5 »
(Se donne à MM. les membres actifs et à MM. les
membres libres inscrits.)

37. *Le Bréviaire du roi de Prusse*, par M. Jules
Janin. 1 vol. in-32 de 76 p., 300 ex. 2 »

38. *L'Oublieux*, comédie en trois actes de
Charles Perrault, de l'Académie françoise,
auteur des *Contes de fées*, publiée pour la
première fois par M. Hippolyte Lucas. In-18
raisin, 350 ex. . . . . 5 »

39. *Secrets magiques pour l'amour*, au nombre
de octante et trois, publiés d'après un manuscrit de la bibliothèque de Paulmy par
P. J., bibliomane. In-18 raisin, 400 ex. 4 »

40. *Le Thalmud*, étude par M. Deutsch, tra-
duit de l'anglais sous les yeux de l'auteur.
In-18 fabriqué à Londres, 200 ex. . » »

41. *Legier Richier*, par Auguste Lepage.
In-16, 36 p., 260 ex. 2 »

Achevé d'imprimer

LE QUINZE JUIN MIL HUIT CENT SOIXANTE-HUIT

PAR D. JOUAUST

POUR L'ACADÉMIE DES BIBLIOPHILES

A PARIS

LVMIÈRE
ENCORE
PLVS DE
1865

OUVRAGES DU MÉME AUTEUR :

Les Discours du Trône, depuis 1814 jusqu'à
nos jours. Un vol. in-12. . . . . . 3 fr. »

Le Roman d'un Parvenu. Un vol.
in-12. . . . . 1 »

Les Suites de Mentana, ou l'Italie
en 1868. Brochure grand in-8 de
32 pages. . . . . 1 »

Lettre a Madame la princesse de
Metternich, par un Détenu de
Sainte-Pélagie. Brochure grand
in-8 de 16 pages. . . . . » 50

Mademoiselle de Merville. Un vol.
in-12. . . . . 3 »

*Pour paraître prochainement dans la collection
de l'Académie des Bibliophiles :*

Mémoires du comte de la Chatre-Nançay,
Colonel-général des Suisses sous Louis XIII.

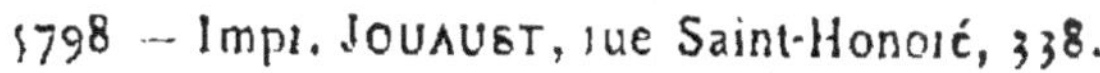

1798 — Impr. Jouaust, rue Saint-Honoré, 338.

Publication

DE L'ACADÉMIE DES BIBLIOPHILES

Des presses parisiennes

DE D. JOUAUST

à Paris

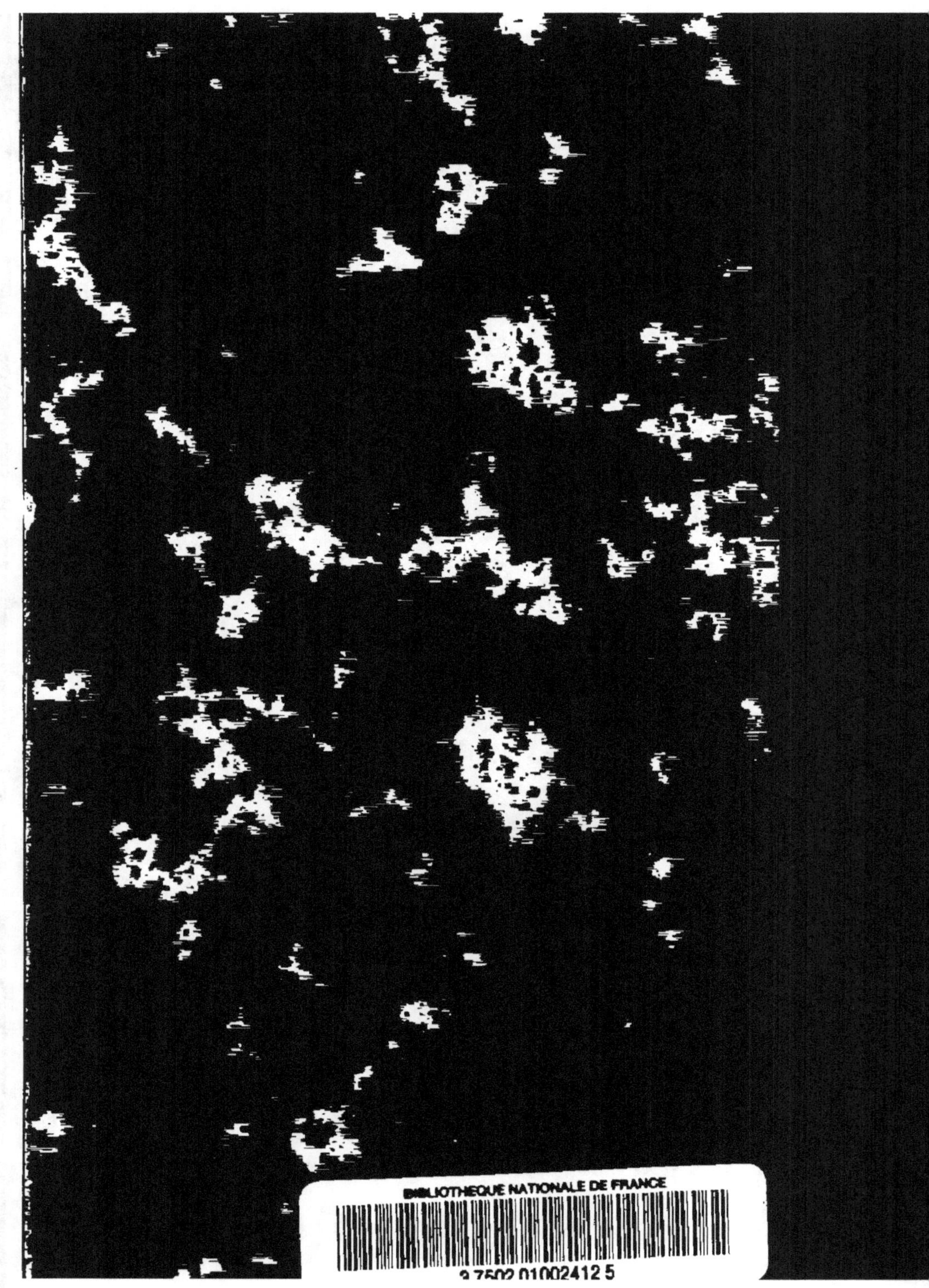